Lk 15 39

PROCÈS-VERBAL
DES
SÉANCES
DE
L'ASSEMBLÉE PROVINCIALE
DE NORMANDIE,
POUR LA GÉNÉRALITÉ
D'ALENÇON.

Tenue à Alençon dans le mois d'Août 1787.

A ALENÇON,

De l'Imprimerie de MALASSIS le jeune, Imprimeur du ROI,
de MONSIEUR & de l'ASSEMBLÉE PROVINCIALE.

M. DCC. LXXXVII.

PROCÈS-VERBAL
DES
SÉANCES
DE L'ASSEMBLÉE PROVINCIALE
DE NORMANDIE,
POUR LA GÉNÉRALITÉ D'ALENÇON,

Tenue à Alençon dans le mois d'Août 1787.

L'AN mil sept cent quatre-vingt-sept, le samedi vingt-cinquieme jour du mois d'Août, à dix heures du matin, dans l'Auditoire du Présidial d'Alençon; en exécution de l'Édit du Roi, du mois de Juin dernier, portant création d'Assemblées Provinciales dans toute l'étendue du Royaume, enregistrée au Parlement de Normandie le dix de ce mois, & du Réglement fait par Sa Majesté pour la formation de l'Assemblée Provinciale de la Généralité d'Alençon, du quinze Juillet dernier, se sont assemblés :

SAVOIR,

Monseigneur L'Évêque & Comte de Lisieux, Président.

Pour l'Ordre du Clergé.

M. l'Abbé BRIDELLE, Chanoine & Vicaire-Général de Rouen, Abbé du Val.

M. l'Abbé JUNOT, Chanoine & Vicaire-Général d'Évreux, Abbé de Saint Savin.

M. l'Abbé NAUDIN, Chanoine & Vicaire-Général de Lisieux.

M. l'Abbé DE COUASNON, Chanoine, Archidiacre & Vicaire-Général de Seès, Aumônier de MONSIEUR, Frere du ROI.

Pour l'Ordre de la Noblesse.

M. LE MERCIER, Écuyer, Chevalier de Saint Louis, ancien Commandant de l'Artillerie du Canada.

M. le Marquis DE BONVOUST.

M. LE FILLEUL, Comte de la Chapelle, Maréchal des Camps & Armées du Roi.

de la Généralité d'Alençon.

M. le Comte D'OILLAMSON, Brigadier des Armées du Roi, & Lieutenant de fes Gardes du Corps.

M. le Comte DE ROCHECHOUART, Maréchal des Camps & Armées du Roi, Gouverneur Général de l'Orléanois.

Pour les Repréfentans le Tiers-État.

M. BRUNET, Écuyer, Seigneur de Mannetot, Chevalier de Saint Louis, ancien Officier de la premiere Compagnie des Moufquetaires, Maire de Falaife.

M. LE BOUYER, Seigneur de Saint Gervais, Chevalier de Saint Louis, Maire de Mortagne.

M. THILLAYE DU BOULLAY, Écuyer, Confeiller du Roi, Maire de Lifieux.

M. DE FORGES DE PRÉMENIL, Lieutenant-Général du Bailliage d'Argentan.

M. POTIER DU FOUGERAY, Écuyer, Seigneur du Pleffis, Chevalier de Saint Louis, Maire d'Alençon.

M. HAYS LE CAMUS, ancien Vicomte, Lieutenant-Général de Police de Seès.

M. LE CONTE, Confeiller du Roi, premier Échevin de Bernay.

M. LE ROYER DE LA TOURNERIE, Procureur du Roi au Bailliage de Domfront.

Tous Députés nommés par le Roi; lefquels ont remis fur le Bureau leurs Lettres de convocation pour la tenue de la préfente Affemblée.

Assemblée Provinciale

L'Assemblée étant formée, MM. ont pris séance dans l'ordre qui suit :

SAVOIR,

Monseigneur L'Évêque & Comte de Lisieux, Président, au fond de la salle.

MM. de l'Ordre du Clergé, à sa droite, suivant l'ordre observé dans leurs séances.

MM. de l'Ordre de la Noblesse, suivant leur âge.

MM. les Députés des Villes & des Campagnes, représentans le Tiers-Etat, en face.

L'Assemblée ainsi formée, Monseigneur L'Évêque & Comte de Lisieux, Président, a dit :

Messieurs,

» Rien ne pouvoit me flatter davantage que d'être associé avec
» vous à l'Administration de cette Généralité. Les talens & les vertus
» que vous y apportez, ont déterminé le choix de Sa Majesté ; ils
» auroient fixé celui de vos Concitoyens, si on leur eut confié le soin
» de se nommer des Représentans. C'est donc la voix du Monarque
» & des Sujets qui vous appelle à ce nouvel ordre de choses. Quel
» plus heureux présage du bien qui va en résulter ! Une confiance
» réciproque doit être la base de nos opérations : elle ne tardera
» pas, je l'espere, à s'établir entre nous. Déja vous jouissez, à juste
» titre, de la mienne : un secret pressentiment me répond que vous
» m'accorderez la vôtre. De la confiance mutuelle naîtront la défé-
» rence, le concert, & cette belle harmonie qui assurera la tranquil-
» lité des Délibérations, & le succès des projets.

Enſuite il a propoſé de député MM. LE MERCIER & BOUYER DE SAINT GERVAIS pour aller prévenir M. le Commiſſaire du Roi que l'Aſſemblée étoit formée, leſquels s'y ſont rendus, & à leur retour, M. le Commiſſaire ayant fait avertir de ſon arrivée, MM. l'Abbé BRIDELLE, le Marquis de BONVOUST, DU BOULLAY & LE CAMUS ont été députés pour le recevoir au haut de l'eſcalier qui conduit à la ſalle d'aſſemblée.

M. le Commiſſaire entré, l'Aſſemblée s'eſt levée pour le recevoir; enſuite M. le Commiſſaire, après l'avoir ſaluée, a pris ſéance dans un fauteuil, au milieu de l'Aſſemblée, en face de M. le Préſident, & a dit :

MESSIEURS,

» J'AI l'honneur de vous apporter le Réglement fait par le Roi,
» le quinze Juillet dernier, pour la formation & la compoſition de
» l'Aſſemblée Provinciale que, pour le bien de ſes Sujets de cette
» Généralité, Sa Majeſté a cru devoir y établir.

» La Province, Meſſieurs, ne peut voir qu'avec reconnoiſſance
» le choix que Sa Majeſté a fait, dans tous les Ordres, de Sujets
» auſſi capables que vous de remplir ſes vues. Le Roi eſt occupé du
» ſoulagement de ſes Peuples ; qui, mieux que vous, pouvoit le ſecon-
» der dans ce projet, qui ſuffiroit ſeul pour lui conférer notre reſpect
» & notre amour, ſi ces ſentimens n'étoient déja gravés dans le cœur
» de tous les Français.

» Fuſſiez-vous, Meſſieurs, étrangers à la Généralité ; connoîtroit-
» elle moins tout ce qu'elle peut attendre de vous, le Prélat diſ-
» tingué qui vous préſide, lui feroit un ſûr garant de l'avantage
» qu'elle retirera de vos opérations. Je ne vous en ferai point d'éloge:
» que vous dirois-je au ſurplus, ſur quoi vous ne puiſſiez renchérir

» encore ? Sa modestie d'ailleurs me sauroit mauvais gré des louan-
» ges que la vérité m'auroit arrachées ; aussi la crainte de déplaire à
» ce Prélat respectable à tant d'égards, m'imposera-t-elle silence
» sur son mérite & ses vertus, qu'en réfléchissant sur vous-mêmes,
» vous retrouverez aisément en vous : augure bien favorable pour
» la Province, du soulagement de laquelle vous allez vous occuper.
» C'est parce qu'elle vous connoit, Messieurs, qu'elle applaudit au
» choix que Sa Majesté a fait de vous : elle-même vous eut nommés,
» si le soin lui en eut été abandonné : elle est si convaincue du désir
» que vous avez de répondre aux vues bienfaisantes du Roi, qu'elle
» n'a aucune inquiétude sur l'usage que vous ferez de la confiance
» dont il vous honore, en vous remettant la nomination des Membres
» qui doivent completter l'Assemblée. La Généralité, persuadée de
» l'esprit de sagesse & de justice que vous apportez pour la servir,
» croira sans peine que vous ne vous associerez pour Coopérateurs,
» que des personnes animées des mêmes sentimens. Il vous sera,
» Messieurs, d'autant moins difficile de remplir son espoir à cet égard,
» que si vous balancez sur le choix, ce ne sera que par le trop grand
» nombre de Sujets de mérite qui habitent la Province, & qui tous sont
» également en état de vous seconder par leur zele, leur intelligence
» & leur amour pour le bien public. Si elle pouvoit regretter quel-
» ques-uns de ceux que le nombre qui vous est prescrit, vous for-
» cera de laisser à l'écart, elle aura au moins la satisfaction que
» vous partagerez certainement avec elle, d'être sûre qu'à l'expira-
» tion du terme de votre mission, vous serez remplacés par d'autres
» vous-mêmes, qui, s'ils n'ont pas le mérite du plan que vous allez
» adopter, sauront au moins assez bien l'apprécier pour ne s'en pas
» écarter.

» Animé comme vous, Messieurs, du desir le plus ardent pour
» le bien de la Province, si les foibles lumieres que vingt années
» d'expérience ont pu m'acquérir dans l'Administration, pouvoient
» alléger vos premiers travaux, peut-être penserez-vous que ce n'est
pas

» pas trop préfumer de moi-même, que d'ofer vous offrir de vous en
» faire part toutes les fois que vous ne les jugerez pas inutiles à
» vos projets, qui, certainement, n'auront pour but que l'avantage
» de la Généralité, mais pour la plus prompte exécution defquels
» cependant, il ne feroit pas indifférent que nous fuffions à portée
» de conférer fréquemment enfemble, les queftions quelconques s'é-
» clairciffant verbalement avec bien plus de facilité, que par des
» Mémoires refpectifs, tout bien détaillés qu'ils foient. J'y gagne-
» rois l'avantage de pouvoir m'inftruire avec vous, fans rien dimi-
» nuer de la gloire dont vous allez vous combler ».

Enfuite M. le Commiffaire du Roi a fait lire le Réglement du 15 Juillet dernier, & l'a dépofé fur le bureau, pour être infcrit fur le regiftre de l'Affemblée.

Cela fait, M. le Préfident adreffant la parole à M. le Commiffaire du Roi, a dit:

MONSIEUR,

» APPELLÉ par la bienfaifance du Roi à l'Adminiftration de
» cette Généralité, nous fentons le prix & l'honneur d'un pareil
» choix. La reconnoiffance qu'il nous infpire eft auffi vive que
» profonde. Nous vous prions d'en porter l'hommage aux pieds du
» Trône, & d'affurer Sa Majefté que nous confacrerons, avec per-
» févérance, nos foins, nos veilles & nos peines, à répondre à fes
» vues bienfaifantes, & à remplir l'attente des Peuples.

» Nous ne nous diffimulons point l'importance & l'étendue des
» devoirs que nous impofe notre miffion. La carriere fe préfente à
» nos yeux avec les difficultés qu'elle renferme. Le bien fe montre à
» nous, dans le lointain, au milieu des obftacles ordinaires qui le con-
» tredifent; mais la pureté de nos vues & la droiture de nos intentions

B

» nous raffurent : l'amour du bien public, … devant nos ames,
» foutiendra notre courage. Vos lumières & … expérience,
» Monfieur, nous offriront des reffources … réclamerons
» avec d'autant plus de confiance, que votre zèle pour le bonheur
» du peuple eft connu de tout le monde ; & nous nous tiendrons
« pleinement récompenfés fi le bien eft le produit de nos travaux ».

Après quoi M. le Commiffaire du Roi s'eft retiré, & a été reconduit avec les mêmes honneurs, & par les mêmes Députés qui avoient été le recevoir.

MM. les Députés rentrés, Monfeigneur le Préfident a propofé, pour fe conformer au Réglement, de nommer un Secretaire-Greffier. Il a indiqué, pour remplir provifoirement cette fonction, M. l'Abbé VAUVIEL, que l'Affemblée a reçu. Mondit Sieur VAUVIEL, mandé & entré dans la falle de l'Affemblée, a accepté ; &, après avoir remercié l'Affemblée, il a prêté, entre les mains de Monfeigneur le Préfident, le ferment de remplir fidélement, en fon ame & confcience, les fonctions de Secretaire-Greffier de l'Affemblée Provinciale, & de fe conformer aux Réglemens.

Monfeigneur le Préfident a dit qu'il croyoit que le premier devoir de l'Affemblée étoit de faire célébrer une Meffe pour implorer les lumieres du Saint-Efprit. L'Affemblée, après en avoir délibéré, a arrêté de la faire célébrer demain, à onze heures & demie, dans l'Eglife principale & paroiffiale de cette Ville. Elle a chargé M. l'Abbé de Couaïnon d'aller en prévenir M. le Defservant de la Paroiffe, & député M. de Rochechouart & M. de Mannetot pour aller y inviter, de la part de l'Affemblée, M. le Commiffaire du Roi. L'Affemblée a également arrêté de faire dire chaque jour, à neuf heures, dans la Chapelle du Préfidial, une Meffe à la même intention, pendant la préfente tenue.

Monfeigneur le Préfident ayant repréfenté qu'il étoit néceffaire

de la Généralité d'Alençon.

de nommer quatre Commiffaires pour préfider à la rédaction du Procès-verbal de la préfente féance & des fuivantes, l'Affemblée a nommé à cet effet, M. l'Abbé Naudin, M. le Comte de la Chapelle, M. de Saint Gervais, & M. de la Tournerie.

Enfuite mondit Seigneur le Préfident a propofé M. le Comte de Rochechouart & M. de Mannetot, pour aller faluer, au nom de l'Affemblée, Monfieur & Madame JULLIEN ; lefquels ont été députés à cet effet.

M. l'Abbé Bridelle & M. du Boullay ont donné lecture à l'Affemblée de deux Mémoires, concernant le choix de la Ville où il conviendroit de fixer les féances de l'Affemblée ; lefquels ayant été pris en confidération, l'Affemblée, déterminée par des raifons importantes, a arrêté que Sa Majefté feroit fuppliée de fixer le lieu de l'Affemblée en la Ville de Lifieux.

Enfin l'Affemblée a nommé, pour fon Imprimeur, le Sieur Jean-Zacharie MALASSIS le jeune.

Après quoi l'heure de la féance de l'Affemblée a été indiquée par Monfeigneur le Préfident, à lundi prochain & jours fuivans, à neuf heures du matin.

Fait & arrêté à Alençon, le 25 Août 1787,

Signé † JULES, Évêque & Comte de Lifieux.

Signé VAUVIEL, Secretaire-Greffier.

RÉGLEMENT
FAIT PAR SA MAJESTÉ,

Sur la formation & la composition des Assemblées qui auront lieu dans la Généralité d'Alençon.

Du 15 Juillet 1787.

DE PAR LE ROI.

SA Majesté ayant résolu qu'il seroit incessamment établi dans les Provinces & Généralités de son Royaume, différentes Assemblées, suivant la forme qui seroit prescrite par Sa Majesté, Elle s'est déterminée à faire connoître ses intentions sur la formation & la composition de celles qui auront lieu dans la Généralité d'Alençon. Les dispositions que Sa Majesté a suivies, sont généralement conformes à l'esprit qui a dirigé les Délibérations des Notables de son Royaume, qu'elle a appellés auprès d'elle ; mais, en les adoptant, & malgré les avantages qu'elle s'en promet, Sa Majesté n'entend pas les regarder comme irrévocablement déterminées ; elle sait que les meilleures institutions ne se perfectionnent qu'avec le temps, & comme il n'en est point qui doive plus influer sur le bonheur de ses Sujets que celles des Assemblées Provinciales, elle se réserve de faire à ces premiers arrangemens, tous les changemens que l'expérience lui fera juger nécessaires ; c'est en conséquence qu'elle a voulu que les premieres Assemblées, dont elle ordonne l'établissement, restent pendant trois ans, telles qu'elles seront composées pour la premiere fois : ce délai mettra Sa Majesté à portée de juger des effets qu'elles auront produits, & d'assurer ensuite la consistance & la perfection qu'elles doivent avoir ; en conséquence Sa Majesté a ordonné & ordonne ce qui suit :

L'ADMINISTRATION de la Généralité d'Alençon sera divisée entre trois especes d'Assemblées différentes, une Municipale, une de Département, & une Provinciale.

L'ASSEMBLÉE Provinciale se tiendra la premiere fois dans la Ville d'Alençon, & ensuite dans celle qui, d'après les Mémoires présentés à cet effet par l'Assemblée, sera déterminée par Sa Majesté ; celle de département, dans le chef lieu ; enfin les Assemblées Municipales, dans les Villes & les Paroisses qu'elles représentent.

ELLES seront élémentaires les unes des autres, dans ce sens que les Membres de l'Assemblée de la Province seront choisis parmi ceux des Assemblées de Département, & ceux-ci pareillement parmi ceux qui composeront les Assemblées Municipales.

ASSEMBLÉES MUNICIPALES.

ARTICLE PREMIER.

DANS toutes les Communautés de la Généralité d'Alençon, où il n'y a pas actuellement d'Assemblée Municipale, il en sera formé une conformément à ce qui va être prescrit, Sa Majesté n'entendant pas changer, pour le moment, la forme & l'administration des Municipalités établies.

II.

L'ASSEMBLÉE Municipale, qui aura lieu dans les Communautés de la Généralité d'Alençon où il n'y a point de Municipalité établie, sera composée du Seigneur de la Paroisse & du Curé qui en feront toujours partie, & de trois, six ou neuf Membres choisis par la

Communauté ; c'est-à-dire, de trois, si la Communauté contient moins de cent feux ; de six, si elle en contient de cent à deux cens ; & de neuf, si elle en contient davantage.

III.

Lorsqu'il y aura plusieurs Seigneurs de la même Paroisse, ils seront alternativement, & pour une année chacun, Membre de l'Assemblée Municipale, en cas que la Seigneurie de la Paroisse soit entr'eux également partagée ; si, au contraire, la Seigneurie est inégalement partagée, celui qui en possédera la moitié, sera, de deux années une, Membre de ladite Assemblée ; celui qui en possédera un tiers, de trois années une ; & les autres qui en posséderont une moindre partie, seront tenus d'en choisir un d'entr'eux pour les représenter ; & pour faire ledit choix, chacun aura autant de voix qu'il aura de portions de Seigneurie.

IV.

Il y aura, en outre, dans lesdites Assemblées, un Syndic qui aura voix délibérative, & qui sera chargé de l'exécution des résolutions qui auront été délibérées par l'Assemblée, & qui n'auront pas été exécutées par elle.

V.

Le Syndic & les Membres électifs de ladite Assemblée, seront élus par l'Assemblée de toute la Paroisse convoquée à cet effet.

VI.

L'Assemblée de la Paroisse sera composée de tous ceux qui paieront dix livres & au dessus, dans ladite Paroisse, d'imposition foncière ou personnelle, de quelque état & condition qu'ils soient.

VII.

Ladite Assemblée Paroissiale se tiendra cette année le jour qui

de la Généralité d'Alençon.

fera déterminée par le Sieur Commiffaire départi ; & les années fui-vantes, le premier Dimanche d'Octobre, à l'iffue de Vêpres.

VIII.

CETTE Affemblée Paroiffiale fera préfidée par le Syndic. Le Seigneur & le Curé n'y affifteront pas.

IX.

LE Syndic recueillera les voix, & celui qui en réunira le plus, fera le premier élu Membre de l'Affemblée Municipale, & il fera de même procédé fucceffivement à l'élection des autres.

X.

CES élections, & toutes celles qui feront mentionnées dans le préfent Réglement, fe feront par la voie du fcrutin.

XI.

TOUTE Perfonne Noble ou non Noble, ayant vingt-cinq ans accomplis, étant domiciliée dans la Paroiffe, au moins depuis un an, & payant au moins trente livres d'impofitions foncieres ou perfonnelles, pourra être élue Membre de l'Affemblée Municipale.

XII.

CHAQUE année, après les trois premieres années révolues, un tiers des Membres choifis par l'Affemblée Municipale, fe retirera & fera remplacé par un autre tiers nommé par l'Affemblée Paroiffiale. Le fort décidera, les deux premieres années, de ceux qui devront fe retirer, enfuite l'ancienneté.

XIII.

NUL Membre de l'Affemblée Municipale ne pourra être réélu qu'après deux ans d'intervalle. Le Syndic fera élu tous les trois ans,

& pourra être continué neuf ans, mais toujours par une nouvelle élection.

XIV.

Le Seigneur présidera l'Assemblée Municipale ; en son absence, le Syndic. Le Seigneur qui ne se trouvera pas à l'Assemblée, pourra s'y faire représenter par un fondé de procuration qui se placera à la droite du Président : les Corps Laïcs ou Ecclésiastiques qui seront Seigneurs, seront représentés de même par un fondé de procuration.

XV.

Le Curé siégera à la gauche du Président, & le Syndic à la droite, quand il ne présidera pas ; les autres Membres de l'Assemblée siégeront entr'eux, suivant la date de leur élection.

XVI.

L'Assemblée Municipale élira un Greffier qui sera aussi celui de l'Assemblée Paroissiale ; il pourra être révoqué à volonté par l'Assemblée Municipale.

ASSEMBLÉES DE DÉPARTEMENS.

ARTICLE PREMIER.

La Généralité d'Alençon sera divisée en huit Départemens, dont sept seront formés par les Élections d'Alençon, de Mortagne, de Verneuil, de Conches, Bernay, Lisieux, Argentan ; & le huitieme sera formé des Élections de Falaise & de Domfront. Il sera établi dans chaque Département une Assemblée particuliere.

II.

Nul ne pourra être de ces Assemblées, s'il n'a été Membre d'une
Assemblée

de la Généralité d'Alençon.

Assemblée Municipale, soit de droit, comme le Seigneur Ecclésiastique ou Laïc & le Curé, soit par Election, comme ceux qui auront été choisis par les Assemblées Paroissiales. Les premiers représenteront le Clergé & la Noblesse, les autres le Tiers-État.

III.

DANS les Villes ou Paroisses dans lesquelles il y a des Municipalités établies, les Députés desdites Villes ou Paroisses aux Assemblées de Département, seront pris dans les Membres de ladite Municipalité, ainsi que parmi les Seigneurs & Curés desdites Villes & Paroisses, & ce jusqu'à ce qu'il en ait été autrement ordonné.

IV.

LES fondés de procuration des Seigneurs Laïcs à une Assemblée Municipale, pourront aussi, si le Seigneur qu'ils représentent n'est pas lui-même de l'Assemblée de Département, & un seul pour chaque Seigneur, quand même il auroit plusieurs Seigneuries, être nommés pour y assister, pourvu qu'ils soient Nobles, & qu'ils possèdent au moins mille livres de revenu dans le Département.

V.

LORSQU'UNE Seigneurie sera possédée par des Corps & Communautés, un des Membres desdits Corps & Communautés, pourvu qu'il soit Noble ou Ecclésiastique, pourra, à ce titre, être Membre desdites Assemblées de Département, sans néanmoins que le même Corps puisse avoir plus d'un Député à la même Assemblée.

VI.

LESDITES Assemblées seront composées ; savoir, celles de Départemens d'une seule Élection, de vingt personnes, & celle du Département de Falaise & Domfront, de vingt-quatre. Dans ce nombre, moitié sera prise parmi les Ecclésiastiques & les Seigneurs Laïcs ou Gentils-hommes les représentans, & moitié parmi les Députés des Villes & des Paroisses.

C

VII.

Les Élections qui feront chacune un Département, feront divisées en cinq arrondiffemens, & celles de Falaife & de Domfront, en fix : ces arrondiffemens enverront à l'Affemblée de Département, ainfi qu'il fera dit ci-après, quatre Députés ; & fera cette divifion faite par la premiere Affemblée de Département.

VIII.

La premiere Affemblée de Département fe tiendra au jour qui fera indiqué par les perfonnes que nous nommerons ci-après, pour former l'Affemblée Provinciale.

IX.

Les mêmes perfonnes nommeront la moitié des Membres qui doivent compofer l'Affemblée de Département, & ceux-ci fe completteront au nombre qui eft ci-deffus exprimé.

X.

Quand les Affemblées de Département feront formées, elles refteront compofées des mêmes perfonnes, pendant les années 1788, 1789 & 1790.

XI.

Ce temps expiré, les Affemblées fe régénéreront en la forme fuivante :

Un quart fortira chaque année par le fort, en 1791, 1792 & 1793, & après, fuivant l'ancienneté, de maniere néanmoins que, par année, il forte toujours un Membre de chaque arrondiffement.

Pour remplacer celui qui fortira, il fe formera une Affemblée repréfentative des Paroiffes de chaque arrondiffement.

Cette Affemblée fera compofée des Seigneurs, des Curés & des Syndics defdites Paroiffes, & de deux Députés pris dans l'Affemblée Municipale, & choifis à cet effet par l'Affemblée Paroiffiale.

CES cinq Députés se rendront au lieu où se tiendra l'Assemblée d'arrondissement, & qui sera déterminée par l'Assemblée de Département, & ils éliront le Député à l'Assemblée de Département, dans le même ordre que celui qui sera dans le cas d'en sortir.

CETTE Assemblée d'arrondissement sera présidée alternativement par celui des Seigneurs Ecclésiastiques ou Laïcs qui devra siéger le premier, suivant l'ordre ci-après établi.

EN cas d'absence de Seigneur, la Présidence sera dévolue au Syndic le plus anciennement élu, & en cas d'égalité dans l'élection, au plus ancien d'âge.

XII.

EN cas qu'il ne se trouve pas de Seigneur, ni même de personne fondée de la procuration des Seigneurs, qui puisse être députée à l'Assemblée de Département, il sera libre d'en choisir dans un autre arrondissement, mais du même Département.

XIII.

LA composition des Assemblées de Département sera tellement ordonnée, que les Membres du Clergé & de la Noblesse ou du Tiers-État seront le moins qu'il sera possible tirés de la même Paroisse, & la Paroisse dont sera celui qui sortira de l'Assemblée, ne pourra pas en fournir du même Ordre, qu'après un an au moins révolu.

XIV.

LES Députés des Paroisses feront, autant qu'il se pourra, toujours pris moitié dans les Villes, & moitié dans les Paroisses de Campagne.

XV.

LA Présidence sera dévolue à un Membre du Clergé ou de la Noblesse indifféremment ; ce Président sera nommé la premiere fois par sa Majesté ; il restera quatre ans Président, après quoi & tous les quatre ans, le Roi choisira celui que Sa Majesté jugera convenable, entre deux Membres du Clergé & deux de la Noblesse qui lui auront été proposés par l'Assemblée, après avoir réuni la pluralité des suffrages.

XVI.

L'ORDRE des séances sera tel que les Ecclésiastiques seront à droite du Président, les Seigneurs Laïcs à gauche, & les Représentans le Tiers-État, en face.

XVII.

EN l'absence du Président, l'Assemblée, s'il est Ecclésiastique, sera présidée par le premier des Seigneurs Laïcs, & s'il est Laïc, par le premier des Ecclésiastiques.

XVIII.

LES Ecclésiastiques garderont entr'eux l'ordre accoutumé dans leurs séances.

XIX.

LES Seigneurs Laïcs siégeront suivant l'ancienneté de leur admission & l'âge décidera entre ceux qui seront admis le même jour.

XX.

LES séances entre le Tiers-État, seront suivant l'ordre des Paroisses, qui sera déterminé d'après leur contribution.

XXI.

LES voix seront prises par tête, & de maniere qu'on prendra la voix d'un Ecclésiastique, ensuite celle d'un Seigneur Laïc, ensuite deux voix du Tiers, & ainsi de suite jusqu'à la fin. Le Président opinera le dernier, & aura voix prépondérante, en cas de partage. Ce qui est dit du Président de cette Assemblée, aura lieu pour toutes les Assemblées ou Commissions dont il est question dans le présent Réglement.

XXII.

LESDITES Assemblées de Départemens auront deux Syndics, un pris parmi les Représentans du Clergé & de la Noblesse ; & l'autre parmi les Repréfentans du Tiers. Les deux Syndics feront trois ans en place, & pourront être continués pendant neuf années, mais toujours par une nouvelle élection, après trois ans accomplis, & de maniere cependant que les deux ne foient pas changés à la fois.

XXIII.

IL y aura de plus un Greffier, qui fera nommé par l'Affemblée, & révocable à fa volonté.

XXIV.

PENDANT l'intervalle des Affemblées de Départemens, il y aura une Commiffion intermédiaire, compofée d'un Membre du Clergé, d'un de la Nobleffe, & de deux du Tiers-État, qui, avec les Syndics, feront chargés de toutes les affaires que l'Affemblée leur aura confiées.

XXV.

LE Greffier de l'Affemblée fera auffi le Greffier de cette Commiffion intermédiaire.

XXVI.

LE Préfident de l'Affemblée de Département préfidera auffi, quand il fera préfent, cette Commiffion intermédiaire.

XXVII.

EN fon abfence, elle fera préfidée par celui des Repréfentans du Clergé & de la Nobleffe, qui fera nommé de ladite Commiffion, & ce, fuivant que le Préfident fera de l'Ordre du Clergé ou de la Nobleffe, ainfi qu'il a été dit ci-deffus.

XXVIII.

LES Membres de ladite Commiffion feront élus par l'Affemblée; les premiers refteront les mêmes pendant trois ans, après lefquels un fortira chaque année, d'abord par le fort, enfuite par ancienneté, & fera remplacé dans fon ordre par l'Affemblée.

XXIX.

LADITE Commiffion intermédiaire rendra compte à l'Affemblée, par l'organe des Syndics, de tout ce qui aura été fait par elle dans le cours de l'année.

ASSEMBLÉES PROVINCIALES.

ARTICLE PREMIER.

L'Assemblée Provinciale de la Généralité d'Alençon se tiendra, pour la premiere fois, le vingt-cinq du mois d'Août.

I I.

Elle sera composée du Seigneur Évêque de Lisieux, que Sa Majesté a nommé Président, & de dix-sept personnes qu'elle se propose de nommer à cet effet, & qui seront prises; savoir, quatre parmi les Ecclésiastiques, cinq parmi les Seigneurs Laïques, & huit pour la représentation du Tiers-État.

I I I.

Le Seigneur Évêque de Lisieux, & les autres personnes nommées dans l'article précédent, nommeront dix-huit autres personnes, pour former le nombre de trente-six, dont ladite Assemblée sera composée.

I V.

Ils nommeront pareillement les personnes qui, avec le Président que le Roi aura nommé, commenceront à former les Assemblées de Département qui doivent ensuite nommer les autres Membres desdite Assemblées.

V

Ils nommeront pareillement deux Syndics; un sera pris parmi les Représentans du Clergé & de la Noblesse, & l'autre parmi les Représentans du Tiers-État, & un Greffier.

V I.

Ils nommeront aussi une Commission intermédiaire, composée du Président de l'Assemblée, des deux Syndics, d'un Membre du Clergé, d'un de la Noblesse, & de deux du Tiers-État.

V I I.

Des trente-six Membres dont sera composée l'Assemblée Provinciale, dix-huit seront Ecclésiastiques & Seigneurs Laïcs, ou Gentils-

de la Généralité d'Alençon.

hommes les repréfentans ; les uns & les autres en nombre égal ; & dix-huit pris dans les Députés des Villes & des Paroiffes, de maniere que, fur les trente-fix, huit foient toujours pris dans le Département formé des Élections de Falaife & de Domfront ; & quatre dans chacun des autres Départemens ; & qu'entre ces Membres il y ait toujours moitié du Clergé & de la Nobleffe, & moitié du Tiers-Etat.

VIII.

PARMI les Membres de ladite Affemblée, il ne pourra jamais s'en trouver deux de la même Paroiffe.

IX.

LA premiere formation faite reftera fixe pendant les trois premieres années, & ce terme expiré, l'Affemblée fera régénérée par le procédé fuivant.

X.

UN quart fe retirera par le fort, en 1791, 1792, & 1793, & enfuite par ancienneté. Ce quart qui fe retirera chaque année fera tellement diftribué entre les Départemens, qu'il forte deux Députés du Département formé des Élections de Falaife & de Domfront, & un de chacun des autres Départemens ; & feront, les Députés qui fortiront, remplacés, dans leur ordre, par d'autres du même Département, & nommés à cet effet par l'Affemblée de Département.

XI.

CELUI qui aura été élu par l'Affemblée de Département pour affifter à l'Affemblée Provinciale, pourra refter Membre de l'Affemblée de Département, & ainfi être tout à la fois, ou n'être pas partie des deux Affemblées ; mais les Membres de la Commiffion intermédiaire des Affemblées de Départemens ne pourront être Membres de la Commiffion intermédiaire de l'Affemblée Provinciale.

XII.

TOUT Membre de l'Affemblée Provinciale, qui aura ceffé d'en être, pourra être réélu, après toutefois qu'il aura été une année Membre de l'Affemblée de Département.

XIII.

EN cas qu'un Membre de l'Affemblée Provinciale meure ou fe retire avant que son temps soit expiré, il sera remplacé dans son ordre par l'Assemblée de Département; & celui qui le remplacera ne fera que remplir le temps qui restoit à parcourir à celui qu'il aura remplacé.

XIV.

Le Président de l'Assemblée Provinciale restera quatre ans Président.

XV.

Ce terme expiré, le Roi nommera un autre Président, pris parmi quatre des Présidens des Départemens, dont deux du Clergé & deux de la Noblesse, qui lui seront présentés par l'Assemblée Provinciale.

XVI.

Ce qui a été dit des Élections, des Rangs, ainsi que des Syndics, des Greffiers & de la Commission intermédiaire, pour les Assemblées de Département, aura également lieu pour les Rangs, les Syndics, les Greffiers & la Commission intermédiaire de l'Assemblée Provinciale.

XVII.

Les Assemblées Municipales de Département, ainsi que les Commissions intermédiaires qui en dépendent, seront soumises & subordonnées à l'Assemblée Provinciale & à la Commission intermédiaire qui la représentera, ainsi qu'il sera plus amplement déterminé par Sa Majesté.

XVIII.

Sa Majesté se réserve pareillement de déterminer, d'une maniere particuliere, les fonctions de ces diverses Assemblées, & leur relation avec le Commissaire départi dans ladite Généralité; Elle entend qu'en attendant qu'elle se soit plus amplement expliquée, les Réglemens faits par Elle à ce sujet, pour l'Assemblée Provinciale du Berry, soient provisionnellement suivis, ainsi qu'ils se comportent.

Fait & arrêté par le Roi étant en son Conseil tenu à Versailles le quinze Juillet mil sept cent quatre-vingt-sept,

Louis

LE BARON DE BRETEUIL.

DEUXIEME SÉANCE.
Du Lundi 27 Août 1787.

L'ASSEMBLÉE étant formée, Monseigneur le Président a proposé de nommer pour Vérificateur des scrutins, M. l'Abbé de Couasnon, M. le Marquis de Bonvoust, M. de Forges & M. du Boullay, qui ont été agréés par l'Assemblée.

On a procédé ensuite, par la voie du scrutin, à la nomination de deux Procureurs-Syndics de l'Assemblée Provinciale.

Le choix est tombé sur M. le Filleul, Comte de la Chapelle, pour la représentation du Clergé & de la Noblesse; & sur M. de Kéralio, pour celle du Tiers-État; l'un & l'autre ont accepté, & après avoir fait leurs remerciemens à l'Assemblée, ils l'ont assurée qu'ils s'efforceroient de prouver par leur zele & leur travail, combien ils étoient sensibles à l'honneur qu'elle venoit de leur faire.

L'Assemblée a aussi-tôt procédé également, par la voie du scrutin, à la nomination de dix-huit Membres qui doivent completter l'Assemblée Provinciale, & d'un dix-neuvieme, pour remplacer M. le Comte de la Chapelle.

Ont été nommés à la pluralité des suffrages :

Pour l'Ordre du Clergé.

M. le Prieur de Saint Éloy de Mortagne.	Départ. de Mortagne.
M. l'Abbé CARPENTIER, Chanoine & Archidiacre de Seès.	Départ. d'Alençon.
M. l'Abbé DE GRIMOUVILLE, Chanoine de Lisieux.	Départ. de Bernay.
M. l'Abbé DARDES, Chanoine & grand Chantre d'Evreux, Vicaire général & Aumônier de Madame VICTOIRE.	Départ. de Verneuil.

Pour l'Ordre de la Noblesse.

Département de Falaise & de Domfront. M. ACHARD DE BONVOULOIR.
Départ. de Mortagne. M. le Comte de NOCÉ.
Départ. d'Argentan. M. de BOILIGNY, Lieutenant des Maréchaux de France.
Départ. de Conches. M. LE VENEUR, Comte de Tillieres.
Départ. de Bernay. M. le Marquis de BOSCANCEY DE VERMONDIERES, Mestre de Camp d'Infanterie, premier Aide-Major des Gardes-Françaises.

Pour l'Ordre du Tiers-État.

Département de Falaise & de Domfront. { M. DE BOISPERRÉ, ancien Procureur du Roi à Falaise.
{ M. BOURGET, Médecin à Falaise.
Départ. de Mortagne. M. GROU, à Nogent-le-Rotrou.
Départem. de Lisieux. M. LE BAILLY, Procureur Fiscal à Lisieux.
Départ. d'Argentan. M. PELLERIN DES FONDIS, à Vimoutiers.
Départ. de Conches. { M. LE CLERC, à Conches.
{ M. CHARTIER, Avocat à Breteuil.
Départ. de Bernay. M. Ambroise BAYVEL, Garde d'Honneur de M. le Duc d'Arcourt, à Boissy.
Départ. de Verneuil. { M. BESSIN, Avocat à l'Aigle.
{ M. STILLIERE, Propriétaire, à l'Aigle.

Il a été procédé immédiatement après, & toujours par la voie du scrutin, à l'élection des Membres qui doivent composer la Commission intermédiaire de l'Assemblée Provinciale :

Ont été élus,

Pour l'Ordre de l'Église.

M. l'Abbé NAUDIN.

Pour l'Ordre de la Noblesse.

M. le MERCIER.

Pour l'Ordre du Tiers-État.

M. LE BAILLY.
M. DES FONDIS.

Enfin, l'Assemblée a procédé, conformément à l'article XI du Réglement fait par le Roi, pour les Assemblées Provinciales, à la nomination, aussi par scrutin, des personnes qui, avec le Président que Sa Majesté a nommé, doivent commencer à former les huit Assemblées de Départemens de la Généralité. Les suffrages se sont réunis en faveur des Membres ci-après, savoir :

Pour l'Ordre du Clergé.

Département de Falaise & de Domfront.

M. le Vicomte le Veneur, Président.
M. l'Abbé de Courmenil, Prieur des Atelles.
M. Maçon, Curé de Guibray.
M. l'Éveillé, Curé de Mantilly.

Pour l'Ordre de la Noblesse.

M. le Marquis de Vauquelin de Sacy.
M. le Marquis de Segris.

Pour l'Ordre du Tiers-État.

M. Foucher, ancien Avocat du Roi de Falaise.
M. de Launay, Syndic de la Paroisse de Ste. Margueritte de Viette.
M. Moutiers, propriétaire à Bieville.
M. Malfilatre, propriétaire à Perrieres.
M. Barabé, Contrôleur à Passais.
M. Renard, Notaire Royal à Saint Marc de Grenne.

Pour l'Ordre du Clergé.

Départ. de Mortagne.

M. l'Abbé de Bonvoust, Doyen de la Collégiale de Mortagne, Président.
M. l'Abbé le Jeune, Chanoine, Syndic du Chapitre de Seès, & Vice-Gérant de l'Officialité.

Pour l'Ordre de la Noblesse.

M. le Vicomte de Puisaye.
M. le Chevalier de Fontenay.
M. de Martel.

Pour l'Ordre du Tiers-État.

M. Berthereault, Lieutenant-Général de Mortagne.
M. Hérode, Echevin de Mortagne.
M. Guerrier, de Saint Martin du Vieux-Bellesme.
M. Grou des Chabotieres, Maire de Nogent-le-Rotrou.
M. le Bailleul, Président de l'Élection de Bellesme.

Départ. de Lisieux.

Pour l'Ordre du Clergé.

M. l'Abbé de la Fayette, Doyen de l'Église de Lisieux, Président.
M. l'Abbé le Rat, Chanoine & Promoteur du Chapitre de Lisieux.

Pour l'Ordre de la Noblesse.

M. de Saint Ouen, Chevalier de Saint Louis.
M. de Giverville de Saint Aubin, de Scellon.
M. des Hautes Terres, Seigneur de Morainville.

Pour l'Ordre du Tiers-État.

M. de Saint Vaast, Bailli de Lisieux.
M. Moroult l'ainé, Négociant, propriétaire à Lisieux.
M. de la Grandiere, Négociant d'Orbec.
M. de Neuville, premier Echevin de Lisieux.
M. le Liquerre des Londes, propriétaire de Saint Martin de Maillot.

Départ. d'Argentan.

Pour l'Ordre du Clergé.

M. l'Abbé de Malherbe, Chanoine, Archidiacre de Sées, Président.
M. le Clerc, Curé de la Cambe.
M. Herambert, Curé de Vaux le Bardoult.

Pour l'Ordre de la Noblesse.

M. de Montchauvel.
M. de Louvagni, Lieutenant des Maréchaux de France.

Pour l'Ordre du Tiers-État.

M. du Coudrai, Vicomte d'Argentan, & Conseiller au Bailliage.
M. de Courmenil, Procureur du Roi de l'Election d'Argentan.
M. Couturier Vallée, propriétaire à Godisson.
M. Louis, Bourgeois, propriétaire de Loussey.
M. Corbin des Boissieres, propriétaire à Sentilly.

Pour l'Ordre du Clergé. Départ. de Conches.

M. le Marquis de Chambray, Président.
M. le Roi, Curé de Condé-sur-Iton.
M. d'Herneville, Curé de Ménil-Ardré.

Pour l'Ordre de la Noblesse,

M. de Nollent, Chevalier de Saint Louis.
M. Derneville Launay, Seigneur des Rufflets, ancien Ecuyer-de-main du Roi.

Pour l'Ordre du Tiers-État.

M. Dupont, Directeur de la poste aux lettres du Neuf-Bourg.
M. Badin, ancien Procureur du Roi de Breteuil.
M. Conard, Avocat à Breteuil.
M. Bidot l'ainé, Négociant à Rougeperier.
M. Menil, Avocat & propriétaire à la Neuve-Lyre.

Pour l'Ordre du Clergé. Départ. d'Alençon.

M. le Marquis de la Genevraye, Président.
M. l'Oublié, Curé de Condé-sur-Sarthe.
M. Bongard, Curé de Carnettes.
M. Colombet, Curé de Saint Denis, Doyen d'Alençon.

Pour l'Ordre de la Noblesse.

M. le Vicomte d'Oillamfon, Lieutenant-Colonel de Carabiniers.

Pour l'Ordre du Tiers-État.

M. Bignaut fils, Propriétaire, au Meflerault.
M. Marchant, Confeiller de l'Élection d'Alençon.
M. de l'Efcalle, ancien Avocat du Roi d'Alençon.
M. Galliet de la Chaife, Propriétaire à Médavy.
M. de Chantebois, Echevin de Seès.

Départ. de Bernay.

Pour l'Ordre du Clergé.

M. le Marquis Dauvet, Lieutenant-Général des Armées du Roi, Préfident.
M. l'Abbé Baillard, Chanoine de Lifieux.
M. le Cordier, Curé de Saint Victor d'Epine.
M. le Fevre, Curé d'Ecmanville.

Pour l'Ordre de la Noblesse,

M. le Comte de Bonneville, Meftre-de-Camp de Cavalerie.

Pour l'Ordre du Tiers-État.

M. Bufcher Defnos, Confeiller au Bailliage de Bernay.
M. Folin, Avocat, Bailli de Broglie.
M. le Prévoft, Négociant, fecond Echevin de Bernay.
M. Miard de la Blardiere, ancien Procureur du Roi du Bailliage de Montreuil.
M. le Grand, Affeffeur au Bailliage d'Orbec.

Pour l'Ordre du Clergé.

Départ. de Verneuil.

M. le Marquis de Ray, Lieutenant-Général des Armées du Roi, Préfident.
M. l'Abbé Loyer, Curé de Poefley.

Pour l'Ordre de la Noblesse,

M. le Comte de Beauffier, chef d'Efcadre.

M. de Launay de la Cadiere, Brigadier des Armées du Roi.
M. de Bretignieres de Courteille, Maréchal de Camp.

Pour l'Ordre du Tiers-État.

M. Desnoes, Procureur du Roi à Verneuil.
M. de Beauffre, Lieutenant-général du Bailliage de Verneuil.
M. Colombel de la Roussiere, Négociant à l'Aigle.
M. du Boullay, Maître de Forge & Négociant, Paroisse d'Aube.
M. Vallée, Négociant à Saint Martin de l'Aigle.

Ensuite Monseigneur le Président a proposé de nommer un Bureau qui examinera, pour en rendre compte à l'Assemblée, les objets dont devra s'occuper la Commission intermédiaire, d'ici à l'époque qui sera fixée pour l'Assemblée Provinciale.

L'Assemblée a nommé, pour composer ce Bureau, M. l'Abbé Naudin, M. le Mercier, M. de Mannetot, M. de la Tournerie & les deux Procureurs-Syndics.

Après quoi l'Assemblée s'est ajournée à demain onze heures du matin.

Signé † JULES, Évêque & Comte de Lisieux.

VAUVIEL, Secrétaire-Greffier.

TROISIEME SEANCE.

Du Mardi 28 Août 1787.

APRÈS la lecture du Procès-verbal du jour d'hier, M. le Comte de la Chapelle, Procureur-Syndic de l'Assemblée, a fait le rapport des objets dont le Bureau formé en vertu de la Délibération d'hier 27

Août, estime que la Commission intermédiaire doit s'occuper, d'ici à l'époque qui sera fixée, pour la prochaine Tenue.

L'Assemblée, après en avoir délibéré, a autorisé la Commission intermédiaire :

1° A prendre une connoissance précise & aussi détaillée qu'il sera possible, de l'état de la Généralité, relativement aux Impôts qu'elle paie, & dont la répartition sera confiée à l'Assemblée Provinciale. A approfondir les méthodes, tant de répartition que de perception, & d'examiner les bases sur lesquelles la Taille & la Capitation sont assises.

2° A se faire rendre compte, par les Ingénieurs de la Province, de l'état actuel des Routes de la Généralité ; des fonds faits & à faire pour l'entretien annuel & pour la continuation des Routes commencées ; des Devis estimatifs, tant des Ouvrages projettés qui concernent la confection des Routes, que des Ponts & Ouvrages d'Art qui s'exécutent sur des fonds particuliers, afin de pouvoir présenter à l'Assemblée un tableau exact des fonds qu'elle aura à employer ; des Chemins finis, & qui n'exigent que l'entretien ; des Chemins commencés, qu'il est intéressant de perfectionner ; enfin de ceux qu'il seroit important d'ouvrir ; & des dépenses que peuvent exiger ces différens objets ; définitivement, à prendre des informations sur les indemnités qui sont dues aux Particuliers ou Communautés dont les fonds ont été pris pour l'emplacement des Routes.

3° La Commission intermédiaire se mettra en état de présenter à l'Assemblée un état des Paroisses & Communautés qui ont joui, pendant le cours de cette année, de l'avantage des Atteliers de Charité ; de celles à qui il convient de les continuer ou d'en accorder de nouveaux ; & de rendre compte du montant des fonds destinés à cet objet.

4° Elle s'informera, pour en rendre compte à l'Assemblée, du
nombre

de la Généralité d'Alençon.

nombre des Paroisses qui ont souffert de la grêle & des orages ; du montant des pertes qu'elles ont essuyées, & des dédommagemens qu'il convient de leur accorder ; elle prendra également des informations sur la quotité des fonds destinés pour faire face aux dépenses tant fixes que variables, qu'exigera le service de la Généralité pendant l'année 1788.

5° Quant au traitement qu'il convient de faire à MM. de la Commission intermédiaire, aux Procureurs-Syndics, au Secretaire-Greffier, ainsi que pour régler les gages de l'Huissier & de toutes autres Personnes employées au service de l'Assemblée, & les autres faux-frais qu'elle peut exiger, l'Assemblée a pensé que cet objet devoit être renvoyé à l'époque de sa prochaine tenue.

L'Assemblée a également autorisé la Commission intermédiaire à faire les avances indispensables pour la tenue de la prochaine Assemblée Provinciale, & des Séances de ladite Commission intermédiaire à Lisieux.

Elle a aussi fixé au mercredi vingt-unieme jour du mois de Novembre prochain, l'ouverture de ses nouvelles Séances, & au lundi, premier jour du mois d'Octobre, celles des Assemblées de Département.

Elle a ensuite prié Monseigneur le Président de faire passer un exemplaire des Séances de la présente tenue, à MM. les Présidens de Départemens, afin que les instructions données à la Commission intermédiaire, servent à diriger leur premier travail.

Fait & arrêté à Alençon, le 28 Août 1787,

Signé † JULES, Evêque & Comte de Lisieux.

VAUVIEL, Secretaire-Greffier.

E

QUATRIEME SÉANCE.
Du Mercredi 29 Août 1787.

Monseigneur l'Évêque & Comte de Lisieux, Président.

L'ASSEMBLÉE ayant repris ses séances au lieu & heure indiqués, on a donné lecture de la séance du jour d'hier; ensuite elle a chargé M. le Mercier, M. le Bouyer de Saint Gervais, d'aller prévenir M. le Commissaire du Roi, que l'Assemblée croyoit avoir rempli tous les objets pour lesquels elle avoit été convoquée, & le prier de venir faire la clôture de ses séances. M. le Commissaire du Roi, ayant averti de son arrivée, MM. les Syndics ont été le recevoir à la premiere porte de l'entrée du Présidial, & arrivé au haut de l'escalier, il a été reçu par M. l'Abbé Bridelle, M. le Marquis de Bonvoust, M. du Boulay & M. le Camus. Entré dans la salle des séances, l'Assemblée l'a reçu debout, découverte, & sans se déplacer.

M. le Commissaire du Roi, après avoir salué l'Assemblée, s'est assis dans un fauteuil, placé pour lui à la droite de Monseigneur le Président, & a fait la clôture de l'Assemblée, par un discours analogue à la circonstance, ainsi qu'il suit :

MONSIEUR,

» LE choix, généralement applaudi, que vous venez de faire des Sujets qui, dans toute l'étendue de la Province, doivent coopérer avec vous aux travaux que vous vous proposez d'entreprendre, justifie bien la sagesse du Roi, dans la Commission dont il vous a chargé.

» Lorsque S. M., à qui je ne le laisserai point ignorer, MM., connoîtra le zele avec lequel vous cherchez à répondre à ses vues, elle fera tranquille fur le bonheur de fon Peuple de cette Généralité. Que ne devra-t-il pas, en effet, attendre de vos premieres occupations, d'après l'accord intime qu'il voit regner entre vous, que la fageffe du Prélat qui vous préfide aura d'autant moins de peine à entretenir, que vous êtes, MM., animés du même efprit ?

» L'objet de votre premiere Séance étant aujourd'hui rempli, vous penferez, je crois, MM., que rien ne doit plus vous retenir affemblés, jufqu'à ce que, par de nouveaux Ordres, que je me flatte être affez heureux pour avoir l'honneur de vous apporter de la part du Roi, vous puiffiez reprendre des Opérations que Sa Majefté vous confiera avec d'autant plus d'efpoir du fuccès, qu'elle aura déja eu des preuves de votre zele pour fon fervice. »

Enfuite Monfeigneur le Préfident, adreffant la parole à M. le Commiffaire du Roi, a dit :

Monsieur,

» Vous avez été témoin, dans les prémices de nos Séances, de la vive reconnoiffance que nous infpiroit le bienfait fignalé dont Sa Majefté a favorifé cette Généralité, en y établiffant une Affemblée Provinciale ».

» Soyez aujourd'hui le dépofitaire du refpect, de l'amour & de la fidélité inviolable dont nous fommes pénétrés pour l'augufte Monarque que vous repréfentez au milieu de nous ».

» En dépofant aux pieds de fon Trône l'hommage de nos fentimens, peignez-lui le calme qui a regné dans nos Séances, l'unanimité qui a préfidé à nos élections, & l'heureux concert qui s'eft manifefté dans toutes nos Délibérations ».

» Affurez-le que nous ne formons déja qu'une feule famille, qui dédaignant l'intérêt perfonnel, porte toutes fes vues vers le bien commun, & que nous avons le ferme espoir que les nœuds de cette harmonie naissante seront indissolubles ».

» Ajoutez que nos premieres Séances ont vu paroître une aurore de lumieres & de talens, qui promet le plus beau jour, & qui sera le germe fécond du bien public auquel nous sommes consacrés, & qui fait l'objet de tous les vœux de Sa Majesté. »

» Nous nous séparons, Monsieur, avec le désir le plus ardent de nous réunir, & de vous voir reparoître dans nos Assemblées, pour nous annoncer de nouveaux ordres du Roi. Vous nous trouverez toujours également empressés à donner à Sa Majesté de nouvelles preuves de notre obéissance, de notre fidélité ; & à vous, Monsieur, de nouveaux témoignages des sentimens que vous nous avez inspirés, & qui sont profondément gravés dans nos cœurs. »

Après quoi MM. les Députés se sont empressés de témoigner à Monseigneur le Président leurs sentimens & la juste confiance que leur inspire ses talens & ses vertus, & se sont séparés en se vouant un attachement réciproque.

Fait & arrêté à Alençon, le 29 Août 1787,

Signés † JULES, Evêque & Comte de Lisieux ; BRIDELLE, Abbé du Val ; l'Abbé JUNOT ; l'Abbé NAUDIN, Vicaire Général ; l'Abbé DE COUASNON ; LE MERCIER ; le Marquis DE BONVOUST ; le Comte D'OILLIAMSON ; le Comte DE ROCHECHOUART ; BRUNET DE MANNETOT ; LE BOUYER DE SAINT GERVAIS ; THILLAYE DU BOULAY ; DE FORGES DE PRÉMENIL ; POTIER DU FOUGERAY ; LE CAMUS ; LE CONTE ; DE LA TOURNERIE.

LE FILLEUL, Comte de la Chapelle, Procureur-Syndic du Clergé & de la Noblesse.

DE KÉRALIO, Procureur Syndic pour le Tiers-État.

VAUVIEL, Secrétaire-Greffier.

www.ingramcontent.com/pod-product-compliance
Lightning Source LLC
Chambersburg PA
CBHW061002050426
42453CB00009B/1221